# Inhalt

**Preispolitik heute - nur noch eine Rabattschlacht?**

Kernthesen

Beitrag

Fallbeispiele

Weiterführende Literatur

Impressum

# Preispolitik heute - nur noch eine Rabattschlacht?

*E.Krug*

## Kernthesen

- Obwohl die Abschaffung des Rabattgesetzes vor fast drei Jahren bei den Verbrauchern gut angekommen ist und in wirtschaftlich schwachen Zeiten Schnäppchen bei den Konsumenten deutlich positiven Anklang finden, zeigen die unzähligen Rabattaktionen mittlerweile, sowohl auf Anbieter- und Nachfragerseite, negative Auswirkungen. (1), (2), (3)
- Preispolitik besteht zurzeit in den meisten Fällen nur noch aus konkurrierenden Preissenkungen und den

unterschiedlichsten Rabattaktionen, sprich Rabattschlachten beherrschen das Pricing. (5)
- Obwohl die Rabattschlachten die Konsumfreude eindämmen, werden in nächster Zukunft die meisten deutschen Händler, zwar gemäßigt, aber dennoch weiterhin am Instrument Preisnachlass festhalten und der deutsche Konsument wird vorerst der Schnäppchenjagd treu bleiben. (3), (6)

# Beitrag

Schnäppchen überall, wo man hinschaut. Der Preiskampf ist nach wie vor in vollem Gange. Fast drei Jahre nach Abschaffung des Rabattgesetzes regen aktuelle Studien zum Überdenken der momentanen Preispolitik an. Zwar eröffnete zum damaligen Zeitpunkt die Abschaffung von Zugabenverordnung und Rabattgesetz ganz neue Perspektiven, doch mittlerweile fragen sich so manche Verbraucher und Kaufleute, ob die gesetzlichen Beschränkungen nicht sogar von Vorteil waren. So konnte der Handel seine Gewinnspanne eindeutig kalkulieren und der Käufer den Preis beruhigt als Kriterium zum Kauf oder Nichtkauf in Betracht ziehen. Heute bekriegen sich die Anbieter mit unzähligen Rabattaktionen, Bonusprogrammen usw., während die Nachfrager den Schnäppchen nachjagen und im Endeffekt beim Kauf immer noch das Gefühl haben, zu teuer eingekauft zu haben. Kein Wunder, dass der Verbraucher nach einem Ruhepol sucht. (4)

## Discounter als Ruhepol im Rabattverwirrspiel

Der Konsument ist verwirrt, da zum heutigen Zeitpunkt die Preise ihre Orientierungsfunktion verloren haben. Er kann nicht mehr einschätzen, ob ein Preis gerecht oder billig ist, ein Bonusprogramm besser als das andere und welche Rabattaktion am besten ist. Nur eines ist für ihn sicher, wer zum regulären Preis einkauft, wird über den Tisch gezogen. Nicht so beim Discounter! Zum einen fühlt sich der Kunde hier sicher, weil er weiß, was ihn erwartet, zum anderen geht er sowieso davon aus, dass der Discounter in jedem Fall billiger ist. Reizvoll ist für ihn nicht zuletzt, die Jagd auf ein limitiertes Angebot. Im gut sortierten Handel ist die Gefahr, den gewünschten Artikel am nächsten Tag nicht mehr zu bekommen wesentlich geringer und somit der Anreiz zum Jagen nicht gegeben.
Zudem schätzt der Discount-Kunde eine gewisse

Bequemlichkeit und Einfachheit beim Einkauf. Er kennt das Sortiment und wird nicht von einem unüberschaubaren Angebot überrollt.
Der Vollsortimenter allerdings sieht die einzige Gefahr, die vom Discounter ausgeht, im Preis. Wenn er sich da nicht mal getäuscht hat. (7), (8)

## Vollsortimenter im Preiskampf

Um sich im starken Konkurrenzkampf behaupten zu können und dem Discount zu trotzen, liefert sich der Handel seit geraumer Zeit einer unerbittlichen Rabatt- und Preisschlacht. Obwohl der deutsche Handel immer noch recht gut über den Preis funktioniert, ist es mit Billigangeboten allein nicht getan. So sollten Fachhändler und Warenhäuser sich wirklich nicht dem Trugschluss hingeben, den Discounter oder den Konkurrent in den eigenen Reihen über den Preis schlagen zu können. Zu hohe Preisnachlässe schaden häufig dem Geschäft und funktionieren nur bedingt bei den Konsumenten. Gefordert ist vielmehr ein Mix aus Leistung und Preis. Die Preiswürdigkeit muss gewahrt bleiben. Dem Kunden muss ein seriöses Preis- und Leistungsgefüge geboten werden, statt wirrer Rabattpolitik.
Es ist ja nicht so, dass sich der Vollsortimenter darum reißt, ganzjährig mit Billigangeboten um sich zu

werfen, es ist vielmehr so, dass der Hauptverband des Deutschen Einzelhandels, nachdem nun auch noch der Schlussverkauf das Zeitliche gesegnet hat, der Situation durchaus nicht positiv gegenüber steht. Feste Schlussverkaufsperioden bedeuten Rabatte ohne Reue, die dem Verbraucher vertraut sind und ihn nicht verunsichern. Wenn der Handel anschließend wieder zu nachvollziehbaren und regulären Preisen zurückkehrt, wird das Vertrauen des Konsumenten in die Preisbildung gestärkt. (3), (4), (7), (8), (9)

## Verbraucher im Konsumfrust

Besonders brauchbar auf einem deutschen Basar hat sich der einheimische Konsument nicht gezeigt. Zwar ist er laut einer Studie der Marketingagentur Mediaedge:cia von der Abschaffung des Rabattgesetzes sehr angetan und 43 Prozent der Befragten gaben sogar an, durch Feilschen finanzielle Vorteile zu haben. In der Realität allerdings konnte man feststellen, dass es dem deutschen Verbraucher doch noch an der Basar-Mentalität mangelt. Er liegt zwar nach wie vor laut einer aktuellen GfK-Studie als Schnäppchenjäger hinter den Polen an zweiter Stelle (vgl. Cases), zeigt aber beim Feilschen immer noch eine gewisse Scheu oder auch Desinteresse. Kunden-

und Rabattkarten sind dagegen willkommen (vgl. Cases). (1), (2), (6), (10)
Trotz der positiven Beurteilung von der Abschaffung des Rabattgesetzes ist der Verbraucher mit der Art und Weise, wie die Händler mit ihren Rabatten und Preisnachlässen die Konsumwelt momentan durcheinander bringen, nicht zufrieden. Häufig fühlt er sich über den Tisch gezogen oder durch die Vielfalt der Aktionen verwirrt. Teilweise ist es ihm sogar peinlich, beispielsweise seinen Preisvorteil an der Kasse erst einfordern zu müssen (Coupons!). Die Krisenstimmung des konjunkturgestressten Käufers wird dadurch noch verstärkt und führt immer häufiger zum Konsumfrust. Kurz und gut, die ständigen Preisnachlässe und Bonusaktionen lassen den Konsumenten abstumpfen. Zudem bleiben emotionale Bindungen sowohl an Geschäfte, als auch an Marken mittlerweile auf der Strecke. (3), (4), (7)

# Pricing im Prozess der Kundenbindung

Es ist offensichtlich der falsche Weg, wenn die heutige Preispolitik sich vom Kundenbindungsprozess immer weiter entfernt. Sicher ist es bekannt, dass Pricing weitaus mehr umfasst, als reine Reduzierung der Preise, dennoch scheint man in der Branche momentan den Blick über Rabatte hinaus verloren zu haben. Preispolitik beschränkt sich zurzeit fast ausschließlich auf operative Aufgaben. Von überlegten Preisstrategien kann nur noch selten die Rede sein. Eine Pricing-Studie der Unternehmensberatung Mercuri International lässt allerdings mehr als deutlich werden, dass in vielen Branchen die Suche nach neuen Erlösquellen immer brisanter wird. Bisher von Seiten des Managements oft als unterschätzte Kür behandelt, wird das Pricing zunehmend zur unverzichtbaren Pflicht. Es müssen Preisstrategien entworfen werden, die den Kunden unter anderem zu höheren Absatzmengen und größerer Treue motivieren. Planung und Verantwortung sollten einem dem Marketing zugeordneten Preismanagers obliegen, der bei der Preisfindung eng mit Vertrieb und Controlling zusammenarbeitet. (5), (8)

# Fallbeispiele

## GfK-Studie zu Konsumtrends

Ende 2003 wurden im Rahmen der Studie 7000

Personen aus Deutschland, Frankreich, Großbritannien, Italien, Polen und Spanien befragt. In Polen sind Schnäppchenjäger mit einem Anteil von 62 Prozent, in Deutschland mit einem Anteil von 56 Prozent vertreten. Der Anteil ist in Polen in den letzten zwei Jahren um sechs Prozentpunkte zurückgegangen, in Deutschland dagegen stagniert er seit 2001.
Für die Franzosen (minus fünf auf 49 Prozent), für die Spanier (minus sechs auf 44 Prozent) und die Briten (minus vier auf 41 Prozent) verliert der Preis an Bedeutung.
In Italien sind die Preissensiblen um sechs Prozentpunkte auf 44 Prozent gestiegen. (6), (10)

## Untersuchung der Düsseldorfer Agentur Mediaedge:cia

Befragt wurden rund 1 300 Konsumenten im Alter ab 14 Jahren.Mehr als 50 Prozent der Verbraucher sind nach wie vor von der Abschaffung des Rabattgesetzes überzeugt.
2001 hatten sich 27 Prozent der Deutschen vorgenommen, in Zukunft mehr zu feilschen, umgesetzt haben nur 18 Prozent diesen Vorsatz.
Die Scheu vorm Feilschen ist von 22 Prozent auf 17 Prozent gesunken, das Desinteresse allerdings ist von

17 Prozent auf 28 Prozent gestiegen.
Der Besitz von Bonuskarten ist 17 Prozent auf 25 Prozent gestiegen. Vor zwei Jahren war gerade mal ein Viertel der Deutschen in Besitz von mindestens einer Kundenkarte, heute ist es bereits gut ein Drittel. (1), (2)

## Beispiel für weitere Rabattattacken

Praktiker, Baumarktkette des Handelskonzerns MetroBisher warb Praktiker mit einem Preisnachlass von 20 Prozent auf Teile des Sortiments. Ab jetzt gibt das Unternehmen zusätzlich eine Preisgarantie, sprich die Preise anderer Baumärkte werden nicht nur egalisiert, sie sollen vielmehr für das identische Produkt beim Wettbewerber von Praktiker noch um 20 Prozent unterboten werden.
Ziel: Preisführerschaft
Reaktion der Konkurrenz: erst mal abwarten (11)

## Beispiel für taktische Maßnahmen außerhalb reiner Rabattaktionen

Stefan Lenk, Rewe-Händler mit acht Supermärkten im Raum Bochum, hat Preisstrategie und Sortiment auf den Prüfstand gestellt.Ergebnis: Mehr Convenience, bessere Platzierung für fertige Salate und Pasta, eine um 20 Prozent vergrößerte Tiefkühlfläche in einigen Filialen. Allerdings konnte auf vereinzelte Preisreduzierungen nicht verzichtet werden. Diese wurden besonders auffallend gekennzeichnet. Insgesamt konnte der Umsatz auf vergleichbarer Verkaufsfläche im Jahr 2003 um ein Prozent gesteigert werden.

Dornseifer, Sauerländer Regionalfilialist der Rewe-Gruppe lockt mit bodenständischen Aktionen, wie z.B. im letzten Jahr, als es in den Dornseifer-Märkten kurzfristig zu jedem Kasten Krombacher einen Ring Fleischwurst gratis dazugab. Folge: erhebliche Verbesserung von Frequenz und Umsatz. (9)

# Weiterführende Literatur

(1) Finanzielle Vorteile durch Feilschen
aus Lebensmittel Zeitung 14 vom 02.04.2004 Seite 055

(2) Feilschen ist Trumpf
aus ProFirma, Heft 04/2004, S. 27

(3) Protzen mit Prozenten
aus Lebensmittel Zeitung Spezial Nr.01 vom 12.03.2004
Seite 066

(4) Der dressierte Kunde
aus Lebensmittel Zeitung Spezial Nr.01 vom 12.03.2004
Seite 010

(5) Renditekiller Pricing
aus acquisa, Heft 02/2004, S. 16

(6) "Der Scheiß in der Mitte"
aus TextilWirtschaft 11 vom 11.03.2004 Seite 055

(7) Von Aldi lernen
aus TextilWirtschaft 14 vom 01.04.2004 Seite 016

(8) "Mix aus Preis und Leistung"
aus Lebensmittel Zeitung 10 vom 05.03.2004 Seite 048

(9) Knick in der Preisoptik
aus Lebensmittel Zeitung 10 vom 05.03.2004 Seite 046

(10) Preis wird weniger wichtig
aus HORIZONT 11 vom 11.03.2004 Seite 012

(11) Praktiker forciert Dumping
aus HORIZONT 14 vom 01.04.2004 Seite 010

# Impressum

## Preispolitik heute - nur noch eine Rabattschlacht?

**Bibliografische Information der deutschen Nationalbibliothek**

Die Deutsche Nationalbibliothek verzeichnet diese Publikation in der deutschen Nationalbibliografie; detaillierte bibliografische Daten sind im Internet über http://dnb.d-nb.de abrufbar.

ISBN: 978-3-7379-0702-6

© 2015 GBI-Genios Deutsche Wirtschaftsdatenbank GmbH, Freischützstraße 96, 81927 München, www.genios.de

Alle Rechte vorbehalten. Dieses Werk ist einschließlich aller seiner Teile – z.B. Texte, Tabellen und Grafiken - urheberrechtlich geschützt. Jede Verwertung außerhalb der Grenzen des Urheberrechtsgesetzes bedarf der vorherigen Zustimmung des Verlags. Dies gilt insbesondere auch für auszugsweise Nachdrucke, fotomechanische Vervielfältigungen (Fotokopie/Mikroskopie), Übersetzungen, Auswertungen durch Datenbanken oder ähnliche Einrichtungen und die Einspeicherung und Verarbeitung in elektronischen Systemen.